Gesprächskreis Geschichte

Heft 26

W0095682

Klaus Schönhoven

Auf dem Weg zum digitalen Dienstleistungszentrum

30 Jahre Archiv der sozialen
Demokratie und Bibliothek der
Friedrich-Ebert-Stiftung

Vortrag anläßlich einer Jubiläumsveranstaltung
der Friedrich-Ebert-Stiftung
am 7. Juni 1999 in Bonn

Forschungsinstitut der Friedrich-Ebert-Stiftung
Historisches Forschungszentrum

ISSN 0941-6862
ISBN 3-86077-827-7

Herausgegeben von Dieter Dowe
Forschungsinstitut der Friedrich-Ebert-Stiftung

Kostenloser Bezug beim Historischen Forschungszentrum
der Friedrich-Ebert-Stiftung
Godesberger Allee 149, D-53175 Bonn
(Tel. 0228 - 883-473)
E-mail: Doris.Fassbender@fes.de

Inhalt

Begrüßungsworte
des Vorsitzenden der Friedrich-Ebert-Stiftung
Ministerpräsident a.D. Holger Börner

Liebe Kolleginnen und Kollegen,
liebe Gäste,

wir begehen heute den 30. Jahrestag der Gründung unseres Archivs und unserer Bibliothek. Das erfüllt uns mit Stolz über die Entwicklung beider Einrichtungen aus kleinsten Anfängen heraus. Ich glaube, es besteht aller Anlaß zur Zwischenbilanz über das Erreichte. Es freut mich, daß wir dies heute gemeinsam tun können.

Zunächst begrüße ich unsere Gäste, die durch ihr Erscheinen ihre Verbundenheit mit unserer Institution zum Ausdruck bringen, u.a. Frau Prof. Dr. Susanne Miller, die uns seit Anbeginn engstens verbunden ist; Herrn Prof. Dr. Friedrich P. Kahlenberg, den Präsidenten des Bundesarchivs; Herrn Dr. Rolf Möller, ehemals Generalsekretär der Volkswagen-Stiftung, die uns beim Bau der Magazine erheblich unterstützt hat und auch weiterhin wichtige Projekte finanziert; Herrn Reinhard Rutz von der Deutschen Forschungsgemeinschaft, deren Hilfe Bibliothek und Archiv viel zu verdanken haben; die Leiter der Archive der Konrad-Adenauer-Stiftung, der Friedrich-Naumann-Stiftung und der Heinrich-Böll-Stiftung, Herrn Dr. Günter Buchstab, Frau Dr. Monika Faßbender und Herrn Dr. Christoph Becker-Schaum.

Ich heiße insbesondere willkommen Herrn Professor Dr. Klaus Schönhoven. Ihnen, Herr Schönhoven, gilt unser Dank für Ihre Bereitschaft, heute den Festvortrag zu halten.

Besonders herzlich begrüße ich Sie, liebe Kolleginnen und Kollegen des Archivs der sozialen Demokratie, mit Herrn Professor Dr. Michael Schneider an der Spitze, und ebenso Sie, liebe Kolleginnen und Kollegen unserer Bibliothek, und ihren Leiter, Herrn Dr. Rüdiger Zimmermann. Und natürlich Sie, Herr Dr. Dowe, als Leiter des gesamten Historischen Forschungszentrums mit allen Ihren Kolleginnen und Kollegen.

Ich freue mich, daß auch eine ganze Reihe ehemaliger Mitarbeiterinnen und Mitarbeiter unter uns sind, u.a. unser ehemaliger Bibliotheksleiter Dr. Manfred Turlach und die langjährige „gute Seele" an der Theke, Frau Christine Mester.

Und mein Gruß gilt vor allem auch Dr. Horst Heidermann, dem die historische Arbeit immer sehr am Herzen lag.

Sie alle haben in gemeinsamer Arbeit in langen Jahren dazu beigetragen, daß aus Archiv und Bibliothek unserer Stiftung führende Institutionen zur Geschichte der Arbeiterbewegung in Europa geworden sind. Das wollen wir heute gebührend hervorheben.

Gestern vor 30 Jahren - es war am 6. Juni 1969 - eröffnete Willy Brandt das Archiv der sozialen Demokratie der Friedrich-Ebert-Stiftung, unter dessen Dach damals noch Archiv und Bibliothek vereint waren. Er forderte alle Sozialdemokratinnen und Sozialdemokraten auf, ihr historisches Material der neuen Einrichtung anzuvertrauen. Willy Brandt ging selbst mit gutem Beispiel voran. Wir sind stolz darauf, daß wir das Willy-Brandt-Archiv dauerhaft bei uns hüten können. Aus dem Beirat des Willy-Brandt-Archivs begrüße ich Frau Dr. Brigitte Seebacher-Brandt.

Ebenso bewahren wir die Akten vieler anderer Politikerinnen und Politiker in unseren Magazinen auf. Stellvertretend für etwa 600 Depositare nenne ich hier nur Helmut Schmidt, Herbert Wehner und Gustav Heinemann. Auch einigen hier Anwesenden möchte ich für das uns erwiesene Vertrauen danken.

Die Gremien und Gliederungen der Sozialdemokratie haben ebenfalls ihr historisches Material in unsere Obhut gegeben. Aber nicht nur sie: Seit einigen Jahren bewahren wir neben den Parteiakten auch umfangreiche Bestände vieler deutscher und internationaler Gewerkschaften auf, vor allem die Archive des Deutschen Gewerkschaftsbundes und der Industriegewerkschaft Metall.

Die Bibliothek ist längst aus dem Archiv ausgegliedert und eine eigenständige Arbeitseinheit geworden. Sie bewahrt das *gedruckte* Gedächtnis der deutschen Sozialdemokratie und ebenso der deutschen Gewerkschaften auf. Mittlerweile ist sie mit fast 600.000 Bänden eine der größten sozialwissenschaftlichen Bibliotheken in freier Trägerschaft geworden.

Die Friedrich-Ebert-Stiftung bezeichnet sich mit ihrem Archiv der sozialen Demokratie und ihrer Bibliothek mit Fug und Recht als Hüterin des historischen Erbes der deutschen Arbeiterbewegung, des Erbes von Sozialdemokratie und Gewerkschaften. Damit hat sich Alfred Naus Hoffnung erfüllt, die ihren Ausdruck in der relativ offenen Namensgebung gefunden hat. Die neue Einrichtung wurde damals aus gutem Grund ja nicht „Archiv der Sozialdemokratie", sondern „Archiv der sozialen Demokratie" genannt.

Diese Entwicklung zu einer der führenden Einrichtungen in Europa zur Erforschung der deutschen und auch der internationalen Arbeiterbewegung ist das Ergebnis großer Anstrengungen: Wir haben erhebliche Investitionen in den Aufbaujahren und gerade jetzt in den 90er Jahren, z.B. bei der Einführung der Elektronischen Datenverarbeitung, getätigt. Und jeder, der die Probleme der Digitalisierung kennt, weiß genau, daß immer erneute Investitionen nötig sind, um weiter vorne dran zu bleiben. Ich nenne hier einmal *besondere* Investitionsleistungen der letzten 12 Jahre: Es waren 3,4 Mio. DM. Auch die jährlichen Betriebskosten in Höhe von etwa 8,4 Mio. DM belasten den Stiftungshaushalt. Ebenso sollten die hohen Aufwendungen für das Karl-Marx-Haus und die dortige Bibliothek in diesem Zusammenhang nicht vergessen werden. Hier gebührt Dank dem Deutschen Bundestag, dessen Verwaltung heute durch Frau Handke-Leptien, Herrn Giese und Frau Loges vertreten ist. Auch in diesem Jahr wurde die Arbeit des Archivs mit etwa 1,3 Mio. DM vom Bundestag gefördert.

Wir haben mit Bezug auf unsere historische Arbeit in den letzten Jahren immer wieder bewußt eine Schwerpunktentscheidung getroffen - wegen der besonderen Tradition dieser Archiv- und Bibliotheksarbeit und ihrer hohen Bedeutung für die Stiftung und ihr Umfeld. Das ist in diesem Umfang nicht selbstverständlich - wie man das z.B. bei anderen, vergleichbaren Einrichtungen sieht, die diesem Arbeitsbereich nicht den gleichen Stellenwert zumessen.

Man muß sich nur bewußt sein: Was hier an Mitteln, auch an Personalmöglichkeiten, langfristig gebunden ist - das steht für die politische Bildungs-, Beratungs- und Informationsarbeit nicht zur Verfügung. Dem politischen Umfeld muß die Stiftung das immer wieder vermitteln.

Archiv und Bibliothek waren und sind uns also „lieb und teuer". Das wird auch in Zukunft so bleiben! Beide Bereiche werden auch weiterhin einen hohen Stellenwert in der gesamten Arbeit unserer Stiftung behalten.

Die Entwicklung der letzten 30 Jahre war aber natürlich nicht nur Sache von Investitionen. Sie ist vor allem Ihnen zu danken, liebe Mitarbeiterinnen und Mitarbeiter: Ihrer Kreativität, Ihrer Phantasie und Ihrem unermüdlichen Einsatz. Man spürt eben, daß Sie sich mit Ihrer Arbeit und mit den Aufgaben unserer Stiftung insgesamt in außergewöhnlichem Maße identifizieren. Deshalb möchte ich heute die Gelegenheit wahrnehmen, um Ihnen im Namen unseres Vorstandes für Ihr Engagement zu danken. Gerade in finanziell schwierigen Zeiten ist Ihr persönlicher Einsatz zum Wohle des Ganzen in besonderer Weise zu würdigen.

Ich will hier nicht im einzelnen auf die Entwicklung und die Bedeutung unseres Archivs und unserer Bibliothek eingehen. Das wird Herr Professor Dr. Klaus Schönhoven von der Universität Mannheim übernehmen. Er kennt unsere Einrichtung aus seiner eigenen Arbeit sehr gut. Ich danke Ihnen, Herr Schönhoven, für Ihre Bereitschaft, heute zu uns zu sprechen. Sie haben das Wort.

Klaus Schönhoven

Auf dem Weg zum digitalen Dienstleistungszentrum. 30 Jahre Archiv der sozialen Demokratie und Bibliothek der Friedrich-Ebert-Stiftung

Historiker haben bekanntlich die Aufgabe, das kollektive Gedächtnis von Gesellschaften durch Erinnerungsarbeit zu formen und zu tradieren. Deshalb sind sie wohl auch immer dann die berufenen Festredner, wenn es darum geht, Jubiläen zu begehen und auf die Geschichte von Institutionen und ihre Entwicklung zurückzuschauen. Historiker bewegen sich jedoch - das werden Sie meinen folgenden Ausführungen unschwer entnehmen können - auf unsicherem Boden, wenn sie in die Zukunft blicken sollen. Das Thema meines Vortrags hat nämlich einen leicht visionären Titel. Er signalisiert, daß die beiden Einrichtungen, an deren Gründung vor dreißig Jahren wir heute erinnern[1], sich auf einem Entwicklungspfad befinden, der für ein Archiv und für eine Bibliothek auf den ersten Blick höchst sonderbar zu sein scheint: auf dem Weg zum digitalen Dienstleistungszentrum und damit auf dem Weg in eine virtuelle Welt. Wen diese futuristische Perspektive des Themas beunruhigt, der sollte sich an die Devise des sozialdemokratischen Parteitheoretikers Eduard Bernstein halten, der mit Blick auf die Zeitdauer und das Ziel von Reformprozessen feststellte: „Dieses Ziel, was immer es sei, ist mir gar nichts, die Bewegung alles."[2]

Mit dem unscheinbaren, aus dem Lateinischen stammenden Adjektiv digital wird nämlich angekündigt, daß sich die herkömmlichen Techniken des Lesen, Lernen und Forschens an der Wende zum 21. Jahrhundert in einem tiefgreifenden Wandel befinden, der von manchen bereits als „digitale Revolution" charakterisiert wird.[3] Auch wenn man den vielgeschundenen Revolutionsbegriff für diese technische Innovation nicht verwenden will, wird man doch zugestehen müssen, daß sich das Informationsverhalten und die Informationsmöglichkeiten im letzten Jahrzehnt dramatisch verändert haben. Jeder

---

[1] Der Text des Vortrages vom 7. Juni 1999 wurde geringfügig erweitert und mit Fußnoten versehen.

[2] So in dem 1898 verfaßten Artikel: Zusammenbruchstheorie und Kolonialpolitik; zitiert nach: Eduard Bernstein, Zur Geschichte und Theorie des Sozialismus, Berlin-Bern 1901, S. 234.

[3] So Thomas A. Schröder, Historisch relevante Ressourcen in Internet und Worldwideweb. Angebot, Bewertung und Ausblick, in: Vierteljahreshefte für Zeitgeschichte, 44. Jg. 1996, S.465-477, Zitat S. 465.

von uns kennt mittlerweile die Abkürzung PC und weiß, daß die Begriffe Software und Hardware in der Computersprache unterschiedliche Dinge bezeichnen. Die meisten von uns haben auch schon etwas von E-mail, Internet und Worldwideweb gehört. Viele von uns besitzen bereits eine Homepage und eine Mail-Box, schreiben ihre Briefe nicht mehr auf Papier, sondern tippen sie auf die Oberfläche eines Bildschirms und versenden sie mit einem Mausklick. Ganz zu schweigen von denen, die auf Datenhighways durch das Internet surfen und sich so tief in seinen virtuellen Räumen verirren und verlieren, daß ihnen die Rückkehr in die Realität immer schwerer fällt.

Aus der gedruckten Welt der Bücher, Zeitungen und Zeitschriften entsteht die digitale Welt der Zeichen und Ziffern. In diese Welt werden auch die real existierenden Bibliotheken transformiert, um dann an jedem beliebigen Ort wieder in einen lesbaren Text zurückverwandelt zu werden. Der Leser hat dann kein gebundenes Buch mehr in seinen Händen, das er anfassen und in dem er blättern kann, sondern einen Bildschirm vor Augen, vor dem er sitzt, um ein irgendwo vielleicht wirklich vorhandenes Buch in seiner virtuellen Form zu studieren. Und der Archivbenutzer der Zukunft wird wahrscheinlich keine Archivreisen mehr einplanen müssen; er wird keine Lesesäle mehr betreten und keine Aktenbündel mehr aufschnüren; er wird keine Originaldokumente mehr in Händen halten, die vor ihm vielleicht nur ihr Autor und ein Archivar berührt haben; er wird sich aber auch nicht mehr durch staubige Berge von vergilbten Schriftstücken, Zetteln und Notizen wühlen müssen, sondern seine Quellen durch elektronische Raster erschließen und daheim im eigenen Computer speichern können.

Diese „schöne neue Welt" der digitalen Information und Kommunikation wird die konventionellen Formen der schriftlichen Korrespondenz und das Forschen in Bibliotheken und Archiven zunächst ergänzen, später dann vielleicht völlig ersetzen. Das von der Arbeiterbewegung im 19. Jahrhundert zum Programm erhobene Diktum der Aufklärung „Wissen ist Macht" wird im Zeitalter der elektronischen Übermittlungssysteme, die weltweit den Zugang zu Kenntnissen verfügbar machen und zugleich globale Netze der Kommunikation knüpfen, eine völlig neue Qualität gewinnen. Schon heute reden Fortschrittsoptimisten davon, daß eine neue Internationale entsteht: die virtuelle Internationale der politischen Linken und der Gewerkschaften und der mit beiden verbundenen Wissenschaftler.[4] Ob über das Worldwideweb mehr Solidarität als auf den klassischen Wegen der Kommunikation und Kooperation erzeugt werden kann, bleibt allerdings abzuwarten.

---

[4] Vgl. etwa Eric Lee, The labour movement and the internet: the new internationalism, London 1997.

Dieser Blick in die Zukunft ist zugleich auch ein Blick in die Vergangenheit. Verfolgt man nämlich die Forderung nach umfassender Bildung, schneller Information und die Idee der historischen Identitätsstiftung bis in die Frühzeit der Arbeiterbewegung zurück, dann stößt man auf überraschend moderne Überlegungen. So trat der Königsberger Sozialdemokrat Johann Jacobi bereits in der Reichsgründungszeit für das systematische Sammeln von Quellen ein, weil er meinte, für künftige Kulturhistoriker könnte die Erinnerung an die Gründung eines kleinen Arbeitervereins vielleicht wichtiger sein als die Erinnerung an manche große Schlacht. Der aus der Pfalz stammende Sozialdemokrat Johann Philipp Becker forderte schon in den 1860er Jahren als Redakteur der Internationalen Arbeiter-Association in Genf die Einrichtung eines Archivs und einer Bibliothek zur Geschichte der nationalen und internationalen Arbeiterbewegung. Und der Hamburger Buchhändler August Geib wurde in den 1870er Jahren als Mitglied des Reichstags und des sozialdemokratischen Parteivorstands zum Fürsprecher dieser Idee. Geib war der Mentor von August Bebel, der im Februar 1878 in einem Artikel im „Vorwärts" „die Notwendigkeit der Gründung einer allgemeinen Parteibibliothek" betonte.[5]

Bebel begründete seinen Appell für eine sozialdemokratische Parteibibliothek, die zugleich die Quellen der Arbeiterbewegung sammeln sollte, mit dem Argument, die existierenden Bibliotheken würden „meist nach ganz anderer Richtung ihre Vervollständigung suchen". Damit umschrieb er vornehm den Tatbestand, daß den öffentlichen Bibliotheken im frühen Kaiserreich der Ankauf von sozialistischer Literatur verboten war. Diese wurde jedoch von den mit der Überwachung der Arbeitervereine beauftragten Polizeibehörden gesammelt und in staatlichen Geheimarchiven verwahrt. Bebel trat aber auch deshalb für die Gründung einer eigenen Bibliothek ein, weil - wie er in seinem Artikel betonte - die Buchpreise und die geringe Auflage vieler Schriften „ein nicht zu überwindendes Hindernis" für Bildungshungrige seien. Außerdem schrecke mancher wißbegierige Arbeiter davor zurück, „sich für teures Geld ein Werk anzuschaffen, das er nur einmal für einen bestimmten Zweck braucht und sonst nie wieder". Schließlich plädierte Bebel für eine

---

5   Vorwärts, Nr. 21 vom 20. Februar 1878, abgedruckt in: August Bebel, Ausgewählte Reden und Schriften, Bd. 1, 1863 bis 1878. Bearb. von Rolf Dlubek und Ursula Herrmann unter Mitarbeit von Dieter Malik, Berlin 1970, S. 480-483. Vgl. auch Paul Mayer, Die Geschichte des sozialdemokratischen Parteiarchivs und das Schicksal des Marx-Engels-Nachlasses, in: Archiv für Sozialgeschichte, Bd. VI/VII, 1966/67, S. 1-198, S. 10 ff.; s. auch Susanne Miller, Geschichtsbewußtsein und Sozialdemokratie, in: Die Neue Gesellschaft/Frankfurter Hefte, Jg. 1994, S. 307-311. Der Text des Artikels von August Bebel ist im Anhang der vorliegenden Broschüre abgedruckt.

umfassende Bibliothek, deren Inhalt sich nicht „einseitig bloß auf die sozialistische und volkswirtschaftliche Literatur" beschränken dürfe, sondern die auch „Geschichte und Kulturgeschichte, Statistik, Naturwissenschaften, Gesundheitslehre, Technik und Agronomie" sowie „ebenso einige wirklich gute philosophische Werke" sammeln müsse, die für „das volle und ganze Verständnis der Neubildung der Gesellschaft auf sozialistischer Grundlage" erforderlich seien. Der Parteivorsitzende der Sozialdemokratie konzipierte also schon vor 120 Jahren die Sammelgebiete einer historisch-sozialwissenschaftlichen Spezialbibliothek. Seine Erwartungen hat zweifellos die Bibliothek der Friedrich-Ebert-Stiftung erfüllt, die mit rund 600 000 Bänden heute zu den zehn größten Bibliotheken auf diesem Sektor in der Welt gehört.

Bebels Pläne zerstörte das Sozialistengesetz, das im Herbst 1878 die Sozialdemokratie und die Gewerkschaften in den Untergrund verbannte. Es spricht aber für die erstaunliche politische Zuversicht und den wissenschaftlichen Weitblick der verfolgten Sozialdemokratie, daß sie im Schweizer Exil 1882 ein Parteiarchiv einrichtete und dieses damit beauftragte, „eine möglichst vollständige Sammlung aller auf das Parteileben bezüglichen Dokumente und Schriftstücke" anzulegen[6]. Aufgenommen werden sollte auch die sozialistische Literatur, Parteibroschüren, Zeit- und Flugschriften, Wahlaufrufe und charakteristische Prozeßakten. Die Anhänger der Partei wurden aufgefordert, sich am Aufbau von Archiv und Bibliothek „durch Beiträge aller Art recht eifrig zu beteiligen"[7]. Um den Doppelcharakter der Institution exakt zu fassen, sprach man von der „Archiv-Bücherei" der Sozialdemokratie. An diese Tradition knüpften SPD und Friedrich-Ebert-Stiftung bekanntlich in den sechziger Jahren unseres Jahrhunderts an, als sie das „Archiv der sozialen Demokratie" konzipierten.

Das in den Jahren bis 1888 in Zürich zusammengetragene Material umfaßte eine Vielzahl von Schriften und Dokumenten, unter anderem auch die Briefe und Erinnerungen von Ferdinand Lassalle und die Korrespondenz von Johann Philipp Becker. Schon 1885 wurden die Bestände bei der Brandassekuranz des Kantons Zürich mit der beachtlichen Summe von 8.200 Franken versichert. Drei Jahre später beschloß der Schweizer Bundesrat im April 1888 nach einer massiven diplomatischen Intervention Bismarcks, die Exilvertreter der Sozialdemokratie aus der Schweiz auszuweisen. Mit den Ausgewiesenen reiste auch das Parteiarchiv in 16 Kisten von Zürich nach London. Es umfaßte neben einem großen Anteil von ungedrucktem Material einen Buchbestand

---

[6] So der Beschluß der Parteikonferenz, die vom 19. bis 21. August 1882 in Zürich tagte; zitiert nach Mayer, S. 13. Dort auch die folgenden Angaben.
[7] Der Sozialdemokrat, Nr. 35 vom 24. August 1882.

von über 3.200 Bänden und eine Sammlung von 160 verschiedenen Periodika in insgesamt 372 Bänden.

In London wurde das Parteiarchiv im Haus von Eduard Bernstein verwahrt und von ihm und Karl Kautsky betreut, bevor es dann nach dem Fall des Sozialistengesetzes im Februar und März 1891 nach Berlin verfrachtet werden konnte. Damit war einem Antrag der Danziger Delegierten auf dem SPD-Parteitag von 1890 entsprochen worden, die gefordert hatten, in Berlin möge eine Bibliothek errichtet werden, „welche nur werthvolle wissenschaftliche Werke führt, die den agitatorisch wirkenden Genossen im ganzen Reiche zur Benutzung stehen sollen"[8]. Es dauerte jedoch bis 1893, bis das aus London überführte Archiv endlich ausgepackt und im Domizil des Parteivorstandes untergebracht war. Schon damals berichtete das Parteitagsprotokoll von der Ratlosigkeit des Parteivorstandes beim Umgang mit den angesammelten Papierbergen: „Der Eifer und der gute Wille der Parteigenossen" habe dem Archiv „neben vielem außerordentlich Werthvollen auch mancherlei Spreu zugeführt". Deshalb sei „mit schonender Hand Auslese gehalten worden"[9]. Die Geburtsstunde der Aktenkassation in sozialdemokratischen Archivbeständen liegt also auch schon mehr als hundert Jahre zurück.

In den folgenden Jahrzehnten wuchsen die Bestände der sozialdemokratischen Archiv-Bibliothek kontinuierlich an.[10] In der Mitte der zwanziger Jahre zählte die Bibliothek über 20.000 Bände, deren wissenschaftlicher Wert nicht quantitativ, sondern nur qualitativ gemessen werden kann. Die Bibliothek besaß eine umfassende Sammlung von Werken zur Geschichte der sozialistischen Ideen und der sozialen Bewegungen; sie verfügte über einen bedeutenden Bestand an Originalschriften und gedruckten Quellen, aus dem die Zeitungen und Zeitschriften herausragten; sie hütete die Erstausgaben der bedeutendsten sozialistischen Theoretiker, angefangen von Saint-Simon und Proudhon, Robert Owen und Wilhelm Weitling bis hin zu den Erstausgaben der Werke von Karl Marx und Friedrich Engels mit handschriftlichen Widmungen der beiden Autoren. Während der Weimarer Jahre wurde das Parteiarchiv zu einem Zentrum der sozialwissenschaftlichen Forschung, das Benutzer aus dem In- und Ausland anzog. Im Gästebuch des Archivs, dessen Ein-

---

[8] Vgl. Protokoll über die Verhandlungen des Parteitages der Sozialdemokratischen Partei Deutschlands. Abgehalten zu Halle a.S. vom 12. bis 18. Oktober 1890, Berlin-Bonn (Reprint) 1978, Antrag 13, S. 272.

[9] Protokoll über die Verhandlungen des Parteitages der Sozialdemokratischen Partei Deutschlands. Abgehalten zu Frankfurt am Main vom 21. Oktober bis 27. Oktober 1894, Berlin-Bonn 1978 (Reprint), S. 35.

[10] Die Geschichte des Archivs und der Bibliothek im Kaiserreich hat Mayer, S. 45 ff., minutiös nachgezeichnet.

tragungen bis zum November 1932 reichen, finden sich viele prominente Namen aus dem geistigen und politischen Leben, angefangen bei dem russischen Revolutionär Leo Trotzki über den Lassalle-Biographen Hermann Oncken bis zu den beiden österreichischen Sozialisten Max und Friedrich Adler.

Nach dem Machtantritt der Nationalsozialisten gelang es der sozialdemokratischen Parteiführung zwar, die wertvollsten Bestände des Archivs in Sicherheit zu bringen, doch die Vernichtung zahlreicher Parteiakten war nicht zu verhindern. Die Bibliothek wurde von den Nazis ausgeplündert und anderen Institutionen übergeben. Teile tauchten nach 1945 an verschiedenen Stellen auf. Nur weniges konnte zurückerworben werden. Als sich der Parteivorstand im Prager und Pariser Exil neue Finanzierungsquellen für seinen Kampf gegen das NS-Regime erschließen mußte, entschied man sich nach langen Diskussionen dafür, die geretteten Archivbestände, darunter den Marx-Engels-Nachlaß, zu verkaufen: Für circa 98 000 Reichsmark wechselten die bedeutenden Archivalien den Besitzer und gelangten in das Internationale Institut für Sozialgeschichte nach Amsterdam. Als Mitbewerber um das unschätzbare Archivgut trat auch die Sowjetunion auf, deren Millionenofferte der Exilvorstand der SPD aber unter dem Eindruck der von Stalin in Moskau inszenierten Schauprozesse ausschlug.[11]

Der Wiederaufbau des historischen Parteiarchivs stand in den Nachkriegsjahren zunächst im Zeichen der Improvisation. Die Tagesarbeit war der Parteiführung wichtiger als die Erinnerungsarbeit. Die Initiative für die Wiedergründung eines Parteiarchivs und einer Bibliothek der Sozialdemokratie ging von Rudolf Rothe aus, der kein „gelernter" Historiker, sondern Metallarbeiter war. In ihm lebte aber der Lese- und Bildungshunger der alten Arbeiterbewegung fort, den auch eine zehnjährige Haftzeit im Zuchthaus Waldheim und im Konzentrationslager Buchenwald während der NS-Zeit nicht hatte zerstören können. Als Gegner der Zwangsvereinigung von SPD und KPD floh Rothe 1946 nach Westdeutschland. Als Angestellter beim SPD-Vorstand in Hannover und dann in Bonn legte er eine Sammlung von Dokumenten und Publikationen an, wobei er bis in die USA Kontakte zu Emigranten knüpfte, um seltene Bestände zurück nach Deutschland zu holen. Zunächst war diese Sammlung in einem Hinterzimmer der „SPD-Baracke" in Bonn untergebracht, bevor sich nach der Wiedergründung der Friedrich-Ebert-Stiftung 1954 langfristig die Möglichkeit zu einem systematischen

---

[11] Vgl. zur Diskussion in der Sopade Marlis Buchholz/Bernd Rother (Hg.), Der Parteivorstand der SPD im Exil. Protokolle der Sopade 1933-1940, Bonn 1995, passim; s. auch die ausführliche Darstellung von Mayer, S. 81 ff.

Ausbau eröffnete. Vorher begann unter der ebenso hartnäckigen wie geduldigen Regie des Parteiarchivars Paul Mayer ein systematischer Rekonstruktionsprozeß, in dem 1968 mit der Übernahme des jahrzehntelang verschollenen Bestandes des Prager Exilvorstandes der SPD ein spektakulärer Erfolg verzeichnet werden konnte.

Zu diesem Zeitpunkt war der Grundstein für das Archiv der sozialen Demokratie in der Friedrich-Ebert-Stiftung bereits gelegt. Willy Brandt hat bei der Grundsteinlegung im Dezember 1967 die politischen und historiographischen Motive herausgestellt, die zu dieser Entscheidung geführt haben: Politisch ging es der Sozialdemokratie darum, dem Alleinvertretungsanspruch Ostberlins für die Geschichte der deutschen Arbeiterbewegung entgegenzutreten und deutlich zu machen, „wie sehr etwa die konkreten Erscheinungsformen eines SED-Regimes von dem verschieden sind, was Ursprung, Ziel und Anliegen der Arbeiterbewegung war". Brandt betonte: „Der aufreibende Kampf für die Emanzipation des vierten Standes, für die Demokratisierung von Staat und Gesellschaft wurde geführt mit den Zielen Freiheit, Gerechtigkeit und Solidarität in einer Gesellschaft, die die Entfaltung jedes Menschen gewährleistet - nicht für die Ersetzung einer Form der Unterdrückung durch eine andere." Die im Archiv der sozialen Demokratie gesammelten Dokumente sollten als wissenschaftliche Beweisstücke davon Zeugnis geben, „daß der deutsche Sozialismus in seiner heutigen Ausprägung in der Tradition einer Bewegung steht, die durch ihre humanitären und freiheitlichen Triebkräfte gekennzeichnet ist". Unter der Obhut der Friedrich-Ebert-Stiftung sollte das Archiv aber nicht nur Dokumente sammeln und wissenschaftlich auswerten, sondern auch „der politischen Bildung und der Festigung des demokratischen Bewußtseins" dienen. Brandt stellte also das neugegründete Archiv und seine Bibliothek bewußt in die im 19. Jahrhundert in der Arbeiterbewegung von Jacobi, Becker, Geib und Bebel begründete Tradition der historischen Identitätsbildung und der politischen Aufklärung.[12]

Diese Leitmotive griff Brandt anderthalb Jahre später bei der Eröffnung des Archivs der sozialen Demokratie am 6. Juni 1969 erneut auf, als er an den hundertjährigen Kampf der Sozialdemokratie um Demokratie, Freiheit und Mitgestaltung erinnerte. Er beklagte, daß die Arbeiterbewegung von der etablierten Geschichtswissenschaft lange Zeit vernachlässigt worden sei, aber er gestand auch ein, daß sie selbst zu wenig für die kritische Pflege ihres historischen Erbes getan habe. Erneut verwies Brandt auf die fundamentalen Unter-

---

[12] Die Rede Brandts bei der Grundsteinlegung für das Archiv der sozialen Demokratie am 12. Dezember 1967 wurde zitiert nach: SPD. Pressemitteilungen und Informationen, Nr. 592/67 vom 12.12.1967 (im Anhang abgedruckt).

schiede zwischen Kommunismus und Sozialdemokratie und forderte vor allem die jungen Wissenschaftler auf, „mit dem Wissen um die europäischen Freiheitskämpfe des neunzehnten und zwanzigsten Jahrhunderts die Geschichte der sozialen Bewegung in der Dritten Welt zu schreiben". Das Archiv und die Bibliothek sollten „nicht allein unter historischen Gesichtspunkten ausgewertet werden", sondern - so Brandt - auch den „in die Zukunft weisenden Zweigen der Sozialwissenschaften zur Verfügung stehen"[13].

Der Parteivorsitzende der SPD formulierte damit ein inhaltliches und methodisches Konzept, das auf mögliche Verbindungslinien zwischen der europäischen und außereuropäischen Emanzipationsgeschichte hinwies. Dieses Forschungsfeld hatte die traditionelle Arbeiterbewegungshistoriographie noch kaum erschlossen. Sie war auf die organisatorische Entwicklung und die ideologischen Auseinandersetzungen der verschiedenen sozialistischen Parteien in Europa fixiert gewesen, hatte ihren Blick auf Programme und Persönlichkeiten gerichtet und die sozialen Fundamente der Arbeiterbewegung nur selten freigelegt. Seit den späten sechziger Jahren vollzog sich jedoch ein Perspektivenwechsel des historischen Erkenntnisinteresses, das sich nun stärker auf die alltäglichen Formen und Bedingungen des Arbeiterdaseins und die Zusammenhänge zwischen Arbeiterexistenz und Arbeiterbewegung konzentrierte. Diese sozialgeschichtliche Erweiterung der Partei- und Gewerkschaftshistoriographie verlangte nach interdisziplinärer Zusammenarbeit zwischen Sozialhistorikern, Soziologen und Ökonomen und ließ eine Forschungsdisziplin entstehen, in deren Zentrum die internationale Gesellschaftsgeschichte im Zeitalter der Industrialisierung steht.[14] Ganz in diesem Sinne entwickelte sich das vom Forschungsinstitut der Friedrich-Ebert-Stiftung als historisches Jahrbuch herausgegebene „Archiv für Sozialgeschichte", das ab den frühen siebziger Jahren seine Themenschwerpunkte auf die Geschichte der Emanzipationsbewegungen seit dem frühen 19. Jahrhundert ausdehnte und unter der Regie von Dieter Dowe, Kurt Klotzbach und Hans Pelger zum wichtigsten historiographischen Schrittmacher der modernen Sozialgeschichte in Deutschland wurde.[15]

Wenn es ein Zufall war, daß diese methodische Neuorientierung der Arbeiterbewegungsforschung zusammenfiel mit der Eröffnung des Archivs der

---

[13] Der Text der Rede ist im Anhang abgedruckt.

[14] Vgl. dazu als Zwischenfazit Klaus Tenfelde (Hg.), Arbeiter und Arbeiterbewegung im Vergleich. Berichte zur internationalen historischen Forschung, München 1986.

[15] Dies betonte Gerald D. Feldman in seinem Festvortrag aus Anlaß des 25jährigen Bestehens des „Archivs für Sozialgeschichte": Sozialgeschichte und Geschichte der Arbeiterbewegung, Bonn 1985.

sozialen Demokratie, dann war dies ein glücklicher Zufall. Die konzeptionellen Wegbereiter des Archivs in der Friedrich-Ebert-Stiftung - hier sind vor allem Alfred Nau, Horst Heidermann und ihre Mitarbeiter zu nennen - wollten bereits mit ihrer Namenswahl andeuten, daß es um die Einrichtung einer Forschungsstätte ging, die über den engeren Parteihorizont der Sozialdemokratie hinausblicken sollte. Man dachte schon damals an die Einbeziehung des Archivguts der Gewerkschaften, und man war von Anfang an entschlossen, die Sammelaktivitäten der Bibliothek nicht parteipolitisch einzugrenzen.

Dieses zukunftsweisende Konzept verloren Vorstand und Geschäftsführung der Friedrich-Ebert-Stiftung fortan nicht mehr aus den Augen. Als sich Anfang der neunziger Jahre unverhofft die Chance eröffnete, das Archiv des Deutschen Gewerkschaftsbundes und dessen Bibliothek in die Obhut der Stiftung zu nehmen, haben Holger Börner und Jürgen Burckhardt entschlossen zugegriffen. Gemeinsam mit Dieter Dowe und den Archiv- und Bibliotheksexperten im Historischen Forschungszentrum nutzten sie - übrigens gegen mancherlei Widerstände aus der Historikerzunft - die Gunst der Stunde, um in der Friedrich-Ebert-Stiftung auch die gewerkschaftliche Tradition der sozialen Demokratie auf Dauer zu verankern.

Blickt man auf die dreißigjährige Entwicklung der 1969 aus den Büchersammlungen des Forschungsinstituts der Friedrich-Ebert-Stiftung und des SPD-Parteivorstandes entstandenen heutigen Bibliothek der Friedrich-Ebert-Stiftung zurück, muß man vor allem betonen, daß der hier über drei Jahrzehnte hinweg erworbene Bücherbestand nicht ungezielt wucherte, sondern gezielt wuchs. Hinter dem systematischen Ausbau zu einer der zehn größten sozialwissenschaftlich-historischen Spezialbibliotheken auf der Welt stand ein wissenschaftspolitisches Konzept: Die Bibliothek sollte zum gedruckten Gedächtnis der deutschen Sozialdemokratie und der deutschen Gewerkschaften werden[16], wobei man nicht von einem eng eingezäunten Geschichtsverständnis ausging, sondern die politische und gewerkschaftliche Arbeiterbewegung aus der Perspektive unterschiedlicher Forschungsrichtungen in das Blickfeld rückte. Es entstand eine Bibliothek, in der sich historische und sozialwissenschaftliche Disziplinen begegnen und bestärken, und es entstand eine Bibliothek, die in diesem Spannungsfeld der Interdisziplinarität ein unverwechselbares eigenes Profil erhielt.

---

[16] Vgl. dazu Rüdiger Zimmermann, Die Bibliothek des Archivs der sozialen Demokratie, Bonn 1985; ders., Neue Aktivitäten der Bibliothek der Friedrich-Ebert-Stiftung, in: Internationale Wissenschaftliche Korrespondenz zur Geschichte der deutschen Arbeiterbewegung, Jg. 32, 1996, S. 539-551. Rüdiger Zimmermann ist der heutige Leiter der Bibliothek.

Diese Profilierung wird geprägt von dem Beschluß, die wissenschaftlichen Publikationen über die deutsche Arbeiterbewegung und die deutsche Sozialgeschichte möglichst vollständig zu erwerben, die sogenannte „graue Literatur" der sonst nirgendwo beachteten Broschüren und gedruckten Traktate aus dem Umfeld von Sozialdemokratie und Gewerkschaften systematisch zu sammeln sowie in die Bestände der Bibliothek auch die Veröffentlichungen der Parteien und Gewerkschaften Westeuropas zu integrieren. Dies alles schlägt sich in einem jährlichen Zuwachs von neuerdings etwa 20.000 Bänden (1998) nieder, die in Bibliothekskataloge eingearbeitet und den Benutzern zur Verfügung gestellt werden müssen.

Das Wachstum der Bibliothek beruht aber nicht nur auf der kontinuierlichen Sammeltätigkeit, sondern auch auf der Übernahme von wertvollen geschlossenen Buchbeständen aus Privatbesitz oder ganzer Organisationsbibliotheken. Hier sind die Nachlaßbibliotheken von Carl Severing oder Walter Auerbach zu nennen, aber auch die soeben erst hinzugekommene Sammlung Kurt Hirche, die eine einzigartige Fundgrube expressionistischer Literatur darstellt. Aus organisationsgeschichtlicher Perspektive war die Übernahme der Bibliothek des DGB-Bundesvorstandes im Februar 1995 das herausragendste Ereignis seit der Gründung, denn mit ihr wuchsen die Bestände um 100.000 Bände. Hinzugekommen sind ferner die Hausbibliotheken von nationalen und internationalen Gewerkschaftsverbänden, die seit einigen Jahren alle unter das schützende Dach der Friedrich-Ebert-Stiftung drängen.[17]

Da Bibliotheken nur dann einen Sinn machen, wenn sie auch benutzt werden und für alle Interessenten bequem zugänglich sind, hat sich seit Beginn der neunziger Jahre in Bonn die eingangs bereits erwähnte digitale Revolution angebahnt: Die Kataloge wurden - wie es in der Fachsprache heißt - in einem Jahrhundertprojekt maschinenlesbar konvertiert, so daß seit 1995 nationale und internationale Interessenten sich zuhause in Datenbanken mit den Bonner Beständen vertraut machen können, ohne in die alte Bundeshauptstadt kommen zu müssen, um selbst in den Katalogen die Karteikarten umzublättern. Wie schnell sich die Nutzung der Bibliothek seit der Einführung der mit dem programmatischen Namen „Allegro" versehenen Bibliothekssoftware verändert hat, spiegelt sich in folgenden Zahlen wider: 1997 wurden 20.000

---

[17] Die Bestände der Bibliothek werden durch eine Reihe von Publikationen regelmäßig erschlossen. Vgl. zuletzt: Zeitungen und Zeitschriften der deutschen Gewerkschaftsbewegung in der Bibliothek der Friedrich-Ebert-Stiftung, Bonn 1998; Festschriften der IG Medien und ihrer Vorläuferorganisationen, Bonn 1998; Zeitungen, Zeitschriften, Protokolle, Jahrbücher und Geschäftsberichte aus dem Bestand der IG Medien, Bonn 1998; IUL und IBV: Protokolle und Berichte, Bonn 1998.

Bände in Bonn direkt und 7.000 Bände über die Fernleihe ausgeliehen, aber schon 200.000 „Kunden" informierten sich über das Internet vom Angebot der Bibliothek.

Dieses Prinzip des offenen Bibliothekszugangs ist die Vorstufe zur digitalen Bibliotheksbenutzung und damit der Möglichkeit, nicht nur die Titelverzeichnisse, sondern auch die Texte weltweit über das Internet abrufen zu können. Bereits heute sind ausgewählte Publikationen der Friedrich-Ebert-Stiftung im Netz und damit überall auf der Welt nachlesbar. Außerdem können Nutzer im Internet direkt Kopien von Artikeln bestellen. Aus Bibliothekaren werden elektronische Verleger, die ihre Bestände auf dem virtuellen Markt anbieten. Das mag begeisterte Büchernarren beunruhigen, weil die Texte auf dem Bildschirm nicht mehr greifbar sind, man kein Buch mehr in Händen hält und man keine Seite mehr raschelnd umblättern kann. Andererseits sind gerade die wertvollsten Bestände unserer Bibliotheken von durch Benutzer verursachten Schäden, von Papierzerfall und damit von unwiederbringlichem Textverlust bedroht. Deshalb wird man die digitale Rettung der alten Buchbestände begrüßen müssen, auch wenn man kein Freund aller radikalen Veränderungen ist und dem realen Buch in der Hand immer noch den Vorzug gibt vor seiner virtuellen Fassung auf dem Bildschirm. Bücherverbrennungen sind jedoch im Zeitalter des Internets nicht einmal mehr „im Namen der Rose" (Umberto Eco) möglich.

Die modernen Datenverarbeitungssysteme haben natürlich auch nicht vor den altehrwürdigen Bastionen des Archivwesens haltgemacht. Das 1969 eingerichtete Archiv der sozialen Demokratie ist seitdem quantitativ und qualitativ bedeutend gewachsen. Es zählt heute zu den bedeutendsten Archiven in der Bundesrepublik und ist eines der größten Privatarchive in der Welt. In seinen Magazinen reihen sich die Akten auf einer Länge von mehr als 30 km. Sammelschwerpunkte sind die zentralen und regionalen Bestände von Parteigliederungen der Sozialdemokratie und ihrer Parlamentsfraktionen in Bund und Ländern. Hinzu kommen Schriftgutbestände von befreundeten Organisationen und Archivalien der nationalen und internationalen Gewerkschaftsbewegung.

Ohne das Engagement der Mitarbeiter des Archivs und der Bibliothek der Friedrich-Ebert-Stiftung wäre mancher wertvolle Bestand im Prozeß des Zusammenschlusses von Einzelgewerkschaften und internationalen Dachorganisationen, der vielfach neben der organisatorischen Konzentration auch von Konfusion im Umgang mit der eigenen Geschichte geprägt war, der Forschung für immer verloren gegangen. Auf diesem Sektor der gewerkschaftlichen Quellensicherung stellte die Eingliederung des Archivs des Deutschen

Gewerkschaftsbundes und der Archive bedeutender Einzelgewerkschaften - zu nennen ist als jüngste Erwerbung das bedeutende Archiv der IG Metall - sowie des Archivs der Deutschen Angestellten Gewerkschaft in den letzen Jahren einen qualitativen Sprung dar: Das Archiv der sozialen Demokratie ist heute das größte Gewerkschaftsarchiv in Deutschland und nimmt im internationalen Vergleich einen Spitzenplatz ein. Zusammen mit der Bibliothek ist es zu einer zentralen Forschungsstätte geworden, die keinen Vergleich zu scheuen braucht.

In den Archivkellern liegen aber auch noch über 800 Nachlässe und Deposita, in denen sich das Leben der bedeutendsten Theoretiker und Politiker der deutschen Arbeiterbewegung vielfältig widerspiegelt. Die aktuelle Namensliste reicht von Viktor Agartz bis Georg-August Zinn und verzeichnet zentimetergenau, wie umfangreich der einzelne Nachlaß ist. Spitzenreiter ist derzeit Willy Brandt, dessen Nachlaß nach ebenso mühevollen wie langwierigen Verhandlungen in einem eigenen Archivbestand zusammengefaßt werden konnte. Er umfaßt 400 Meter. Nur 20 Zentimeter hinter Brandt folgt Hans-Jochen Vogel auf Platz Zwei mit derzeit genau 399,80 Aktenmetern, die aber - hier muß man kein Prophet sein - noch kräftig anwachsen werden. Auf Platz Drei ist Herbert Wehner mit 250 Aktenmetern registriert, gefolgt von Helmut Schmidt mit 241 Metern, dessen persönliche Akten sich aber noch zum Teil in Hamburg befinden.

Zu diesem Archivbestand gehören natürlich auch die persönlichen Papiere der Gründer und frühen Repräsentanten der Sozialdemokratie, die teilweise aus dem ehemaligen Parteiarchiv der KPdSU auf Mikrofilm nach Deutschland zurückgekehrt sind. Hier reicht die Liste der Parteiführer und Parteitheoretiker von Wilhelm Weitling, Ferdinand Lassalle und Wilhelm Liebknecht über Franz Mehring und Eduard Bernstein bis hin zu Rosa Luxemburg und Karl Liebknecht. Diese Heimkehr der Schriften und Korrespondenzen der alten sozialdemokratischen Parteiprominenz in das Archiv der sozialen Demokratie bewegt nicht nur die Historiker.

Die Zahlenangaben über den Umfang der Bestände signalisieren, daß namentlich die Zeitgeschichtsforschung nicht an Quellenmangel leidet, sondern unter Papierbergen zu ersticken droht. Dies ist sicherlich auch ein Grund dafür, daß moderne Archive ebenfalls den Weg der Digitalisierung beschreiten. Sie trägt zur Bestandserhaltung bei, weil Recherchen direkt am Computer erfolgen können und die Originale nicht mehr ausgehoben werden müssen. Man kann Faksimiles und Reproduktionen herstellen; man kann - dies ist der Inhalt eines in der Fachwelt vielbeachteten Pilotprojekts des Archivs - Flugblätter und Flugschriften mit Unterstützung einer Archiv-Software inhaltlich erschließen und mit komplizierten Schrifterkennungsprogrammen elektronisch im Volltext erfassen; man kann - auch hier führt das Archiv der sozialen Demokratie die Phalanx der archivalischen Innovatoren an - mit Hilfe der EDV die wertvollen Plakatbestände des Archivs von rund 60.000 Exemplaren verzeichnen, bildlich erfassen und darstellen. Dank der großzügigen finanziellen Ausstattung durch die Geschäftsführung der Friedrich-Ebert-Stiftung und mit Hilfe von Projektmitteln der Deutschen Forschungsgemeinschaft und der VW-Stiftung ist das Archiv der sozialen Demokratie auf dem Feld der Digitalisierung von audiovisuellen Quellen heute methodisch und technisch führend in der Bundesrepublik.

Die geradezu mythische Zauberformel für den Zutritt zu diesen Schatzkammern lautet „FAUST". Hinter diesem an Goethe erinnernden Begriff verbirgt sich die computergestützte Datenbank des Archivs. Deren ungeahnte Recherchemöglichkeiten jenseits der klassischen Findbücher erschließen sich dem Benutzer erst Schritt für Schritt, wenn er sich auf ungewohnte Codierungssysteme einläßt und mit zwölfstelligen Zahlen- und Buchstabenungeheuern umzugehen lernt. In dieser modernen Archivwelt ist weder für Digital-Legastheniker ein Platz noch für Schatzsucher, die Faszikel für Faszikel eigenhändig unter die Lupe nehmen möchten, sich in Handschriften und apokryphen Kritzeleien auf Notizzetteln vertiefen wollen, von Randnotizen und vom Reiz des Authentischen elektrisiert werden, Farbstiftvermerke als Wegweiser durch die Akten nutzen, um herauszubekommen, wie fleißig oder wie faul Politiker das tägliche Aktenstudium betrieben haben.

Aus diesen nostalgischen Bemerkungen spricht - ich gebe es gerne zu - eine unzeitgemäß gewordene Forscherneugier und ein Hang zum Historismus, der durch die regelmäßige Archivarbeit noch verstärkt wird. Nur dabei stößt man als Historiker auf bislang unbekannte Briefe oder Akten, die es möglich machen, aus vielen kleinen Mosaiksteinen Entscheidungsprozesse zu rekonstruieren oder das persönliche Profil von Politikern zu konturieren. Archivarbeit ist immer Fronarbeit und Freude zugleich. Sie erzieht zum konkreten Denken, vermittelt Einblicke in die Mehrdeutigkeit historischer Situationen und veranschaulicht das Eigengewicht von Details, sie zeigt die Vielschichtigkeit von individuellen Konstellationen und die Relativität von übergreifenden Erklärungen. Im Archiv erfährt der Historiker wie sonst an keinem anderen Ort, daß Forschen spannend ist und durchaus Vergnügen bereiten kann.

An dieser Stelle ist es höchste Zeit, auch diejenigen zu erwähnen, die in der Bibliothek und im Archiv der sozialen Demokratie dafür sorgen, daß man sich hier besonders wohl fühlt. Wer in der deutschen und internationalen Archiv- und Bibliothekswelt seine Erfahrungen gemacht hat, wird jeden Be-

such im Historischen Forschungszentrum der Friedrich-Ebert-Stiftung genie-
ßen. Hier findet er nicht nur freundliche, sondern auch kompetente Mitarbeiter, deren Geduld zumeist grenzenlos ist, wenn es um die Erschließung der
archivalischen und bibliothekarischen Schatzkammern der Friedrich-Ebert-
Stiftung geht. Diese Fürsorge für Forscher und Leser beginnt an der Ausleihe
von Archiv und Bibliothek, wo freundliche Begrüßung und geduldige Bera-
tung oft Hand in Hand gehen; die Fürsorge findet ihre Fortsetzung in den
Gesprächen mit den Fachreferenten, und sie endet schließlich bei den vielen
Mitarbeitern hinter den Kulissen, die im Archiv und in der Bibliothek tagtäg-
lich den langen Marsch durch die Regale antreten, um auch die abgelegensten
Benutzerwünsche zu erfüllen.

In diesem modernen Gebäude der Friedrich-Ebert-Stiftung wird noch eine
weitere Forderung erfüllt, die bereits zu den Zeiten Bebels als eine Vorbedin-
gung für erfolgreiches Forschen und Lernen formuliert wurde: 1878 schlug
ein Leser des Artikels von Bebel vor, man solle an die Lesezimmer des Archivs und der Bibliothek ein gut frequentiertes Lokal anreihen. Dies müsse
jedoch bedeutend schöner und eleganter, besser und billiger als die gewöhnli-
chen Arbeiterkneipen sein. Auch dieser Wunsch ist in der Friedrich-Ebert-
Stiftung erfüllt worden. Die Hoffnung dieses Lesers, daß man aus den Gewinnen des Lokals den Ankauf der Bücher für die Bibliothek bestreiten könne, diese Hoffnung hat sich allerdings nicht erfüllt. Er vertraute damals aber
auch, wie er schrieb, auf die „Macht der Association"[18], die das Arbeiter-
schicksal verändern und verbessern werde.

Ein nicht unwesentlicher Teil dieser Macht ist nach wie vor Wissen. Dieses Wissen stellt die Friedrich-Ebert-Stiftung als Association seit nunmehr
dreißig Jahren in vorbildlicher Weise in ihrer Bibliothek und in ihrem Archiv
zur Verfügung und vermittelt es nunmehr digital und damit weltweit. Dafür
durfte ich - im Namen aller anderen Nutznießer - heute der Friedrich-Ebert-
Stiftung und allen ihren Mitarbeitern danken.

---

[18] Vorwärts, Nr. 51 vom 3. Mai 1878, zitiert nach Mayer, S. 12 f.

Anhang

August Bebel
Die Notwendigkeit der Gründung einer allgemeinen
Parteibibliothek (1878)

Willy Brandt
Ansprache anläßlich der Grundsteinlegung des Archivs
der sozialen Demokratie, 12. Dezember 1967

Willy Brandt
Festrede zur Eröffnung des Archivs der sozialen
Demokratie, 6. Juni 1969

August Bebel

Die Notwendigkeit der Gründung einer allgemeinen Parteibibliothek

Diejenigen Genossen, welche je einmal in die Lage gekommen sind, Studien machen zu können, werden auch häufig die Schwierigkeit empfunden haben, sich die dazu nötigen Werke und Schriften zu beschaffen. Selbst derjenige, dem größere Bibliotheken zur Benutzung offenstanden, wird oft das nicht gefunden haben, was er suchte, weil diese Bibliotheken meist nach ganz anderer Richtung ihre Vervollständigung suchen. Dabei wird die unsere Genossen wesentlich interessierende Literatur von Tag zu Tag größer, so daß schon heute nur noch sehr wenige in der Lage sind, sie zu verfolgen, noch wenigere, sie sich anzuschaffen.

Auch stellt sich namentlich in bezug auf die Beschaffung der älteren sozialistischen und volkswirtschaftlichen Literatur dem einzelnen ein nicht zu überwindendes Hindernis entgegen, einmal wegen des Preises, dann wegen der Seltenheit und des Unbekanntseins vieler Schriften. Auch schreckt mancher davor zurück, sich für teures Geld ein Werk anzuschaffen, das er nur einmal für einen bestimmten Zweck braucht und sonst nie wieder. Mit jedem Jahre wird die Sammlung all dieses Materials immer schwieriger, und es wird darum hohe Zeit, daß eine Stätte geschaffen werde, wo die ganze einschlägige Literatur in möglichster Vollständigkeit gesammelt und allen, welche Zeit und Gelegenheit zu größeren Studien haben, unter bestimmten Bedingungen zugänglich gemacht wird. Es ist. z.B. heute kaum noch möglich, ein vollständiges Exemplar der ersten Jahrgänge des „Social-Demokrat" oder des Hamburger „Nordstern" zu erlangen oder andere in den ersten Jahren der Bewegung erschienene Blätter und Broschüren zu bekommen, und jedes Jahr, das weiter verfließt, macht deren Erlangung immer unmöglicher.

Genauso verhält es sich mit der alten sozialistischen Literatur. Wer z.B. besitzt von uns Weitlings Schriften oder Karl Grüns Werk über die sozialistische Bewegung in Frankreich und Belgien? Wie viele oder, besser gesagt, wie wenige von uns haben diese überhaupt je gesehen und gelesen, und wie hiermit, so steht es mit der sehr reichhaltigen sozialistischen und kommunistischen Literatur Frankreichs aus den zwanziger, dreißiger und vierziger Jahren dieses Jahrhunderts. Ohne Lorenz Steins Werk über die Entwicklung des Sozialismus und Kommunismus in Frankreich würde die bezügliche Literatur uns Jüngeren nur dem Namen nach bekannt sein, und selbst dieses Werk ist meines Wissens vergriffen. Wir haben also wirklich gar keine Zeit mehr zu verlieren und müssen mit der Sammlung bald vorgehen. - Welchen Wert eine solche Sammlung auch für den künftigen Kulturhistoriker haben muß, braucht nur angedeutet zu werden.

Soll das Werk ganz gelingen, so darf es nicht auf den guten Willen und die Mittel einzelner angewiesen sein, die Gesamtheit der Partei muß dafür eintreten und jeder sich für verpflichtet halten, seinen Teil zum Gelingen beizutragen.

In erster Linie ist dafür zu sorgen, daß das Unternehmen eine sichere Grundlage hat und sein Bestand nicht von dem guten Willen gewisser Behörden abhängig gemacht werden kann. Es muß also irgend jemandes Eigentum sein, und da dies einzelnen zu übertragen große Bedenken hat, so empfiehlt es sich, es einer bereits bestehenden staatlich anerkannten Korporation, z.B. einer Genossenschaft, zu übertragen oder für diesen Zweck eine solche zu gründen. Leipzig schlage ich als Sitz der Bibliothek vor, und zwar, weil neben dem mehr nebensächlichen Umstand, daß es Erscheinungsort des Zentralorgans der Partei ist, es anerkanntermaßen den Sitz des deutschen Buchhandels bildet und zahlreiche Antiquariate hat, also die Beschaffung der bezüglichen Literatur vereinfacht und erleichtert.

Der Inhalt der Bibliothek darf sich natürlich nicht einseitig bloß auf die sozialistische und volkswirtschaftliche Literatur beschränken, es müßten insbesondere auch Geschichte und Kulturgeschichte, Statistik, Naturwissenschaften, Gesundheitslehre, Technik und Agronomie einen ausgedehnten Platz darin finden, ebenso einige wirklich gute philosophische Werke. Denn darüber besteht ja bei keinem unter uns ein Zweifel, daß für das volle und ganze Verständnis der Neubildung der Gesellschaft auf sozialistischer Grundlage die Kenntnis der Forschungen und Entdeckungen in den genannten Wissenszweigen notwendig ist.

Die Bibliothek müßte ferner enthalten eine Sammlung der bedeutendsten in- und ausländischen Parteizeitungen und -zeitschriften, die am Schlusse jedes Jahrgangs zu binden wären; ferner die wichtigsten statistischen Zeitschriften und solche regelmäßig erscheinenden Publikationen, welche sich mit den Fortschritten der Naturwissenschaften und der Technik beschäftigen.

Die Verhandlungen des Reichstags und der wichtigsten Landtage dürften ebenfalls nicht fehlen.

Es ist kein Zweifel, daß ein solches Unternehmen erhebliche Mittel und großen Kostenaufwand erheischt, aber ich bin der Ansicht, daß, wenn einmal angefangen werden soll, auch von vornherein etwas Tüchtiges geschaffen werden muß. Daß die Partei das Notwendige leisten kann, wenn sie will, daran zweifle ich nicht. Es wären Räumlichkeiten zu mieten, welche auf eine längere Reihe von Jahren genügen; es müßte ein Bibliothekar ernannt werden, der gleich von Anfang an eine monatlich fixierte Entschädigung erhielte, da voraussichtlich es an Arbeit nicht fehlen wird und eine von vornherein festgestellte gewissenhafte Ordnung Lebensbedingung des Instituts ist.

Um die Geldausgaben nach Möglichkeit zu vermindern, müßten die Parteiblätter, welche zur Aufbewahrung gelangen, wie sämtliche Parteischriften und Broschüren von den Verlegern gratis geliefert werden. Zweifellos würden auch alle Parteigenossen, welche Doppelexemplare älterer bezüglicher Schriften und Werke im Besitz haben, bereit sein, ein Exemplar an die Bibliothek abzugeben. Auch dürfte der Fall eintreten, daß mancher seine Privatbibliothek für den Fall seines Ablebens der Parteibibliothek vermacht. Bekanntermaßen werden Bücher, wenn sie zur Auktion gelangen, meist weit unter ihrem Werte verkauft und in alle Winde zerstreut.

Die notwendigen Barmittel wären durch freiwillige Sammlungen aufzubringen, und wäre über diese wie über alle eingehenden Schriften etc. regelmäßig im „Vorwärts" Quittung zu veröffentlichen.

Damit ferner bei Neuanschaffungen nicht einseitig und lückenhaft verfahren würde, wäre eine Bibliothekskommission zu bilden, welche aus dem Bibliothekar und zwei oder vier vom Aufsichtsrat der Genossenschaft zu ernennenden Beiräten bestünde. Diese Kommission hätte in wöchentlich einmal abzuhaltenden Sitzungen nach Maßgabe der vorhandenen Mittel über Neuanschaffungen wie über die innere Organisation der Bibliothek zu beschließen.

Das Reglement für die Benutzung der Bibliothek hätte der Aufsichtsrat der Genossenschaft im Verein mit der Bibliothekskommission festzustellen. Es dürfte sich dabei empfehlen, um nach keiner Seite Benachteiligungen herbeizuführen, daß die am Ort oder dessen nächster Umgebung wohnenden Benutzer ein entsprechendes Lesegeld zahlen müßten, während bei Sendungen innerhalb der ersten Postzone das ganze Porto, bei weiteren Entfernungen die Hälfte zu tragen wäre. Doch soll dies nur ein unmaßgeblicher Vorschlag sein. Dagegen wäre festzuhalten, daß bei der Verleihung gefangene Genossen vor freien bevorzugt würden, und dürften für erstere keinerlei Kosten entstehen, diese hätte vielmehr der Bibliotheksfonds zu tragen.

Ich unterbreite diese Vorschläge der sachgemäßen Prüfung aller Genossen und wünsche, daß insbesondere das Zentralwahlkomitee in Hamburg recht bald Schritte zu ihrer Verwirklichung tun möchte.

Aus: Vorwärts (Leipzig), Nr. 21 vom 20. Februar 1878

Willy Brandt
Ansprache anläßlich der Grundsteinlegung des Archivs
der sozialen Demokratie, 12. Dezember 1967

In der Frühzeit der deutschen Arbeiterbewegung schrieb der Königsberger Demokrat Johann Jacobi, die Gründung des kleinsten Arbeitervereins werde für den künftigen Kulturhistoriker von größerem Werte sein als die Erinnerung an manche großen Schlachten. Und wenn wir heute beobachten, wie sich allenthalben das Interesse der sozialgeschichtlichen Forschung der Geschichte der Arbeiterbewegung zugewandt hat, so scheint sich diese Voraussage durchaus bestätigt zu haben.

Dabei steht hinter diesen Forschungen kein Parteiinteresse, sondern die Erkenntnis, daß deutsche Geschichte im 19. und 20. Jahrhundert nicht mehr dargestellt werden kann, wenn nicht die überragende Rolle, die die Arbeiterbewegung gespielt hat, entsprechend mit berücksichtigt wird.

Aus kleinsten Anfängen heraus hat sich diese Bewegung schon im 19. Jahrhundert zu einem Faktor entwickelt, der speziell die deutsche Innenpolitik stark beeinflußte. Was zunächst der Ausdruck des Protestes einer unter unwürdigen sozialen Verhältnissen lebenden, politisch bevormundeten Klasse war, hat sich im Laufe der Jahrzehnte zu einer politischen Kraft entwickelt, ohne die das Ringen um Demokratie in unserem Staat nicht vorstellbar ist. In entscheidenden Augenblicken deutscher Geschichte waren Demokratie und Humanität in erster Linie bei den Kräften aufgehoben, die aus der Arbeiterbewegung hervorgegangen waren.

Dabei geht es nicht nur um die Sozialdemokratie, die die politische Vertretung breiter Schichten der Arbeiterschaft blieb, auch als sie sich an weitere, an demokratischer Ordnung und sozialem Ausgleich interessierte Bevölkerungskreise wandte.

Es geht ebenso um die Gewerkschaftsbewegung, die Genossenschaften und um andere Einrichtungen der Selbsthilfe, die auf der Grundlage der Solidarität durch ihre Arbeit dazu beigetragen haben, die Mißstände und Mißverhältnisse der frühindustriellen Gesellschaft abzubauen und Wege zum demokratischen, sozialen Rechtsstaat zu ebnen.

Im übrigen hieße es offene Türen einrennen, wollte man im einzelnen aufführen, wann und wie das Schicksal unseres Volkes - sei es in der Weimarer

Republik, vor allem an ihrem Anfang, sei es in den jetzt 22 Jahren nach der nationalsozialistischen Gewaltherrschaft - von der Arbeiterbewegung geprägt worden ist.

In einem anderen aktuellen Sinne ist die Arbeit an der Geschichte der Arbeiterbewegung eine Aufgabe, die gerade der Geschichtsforschung in der Bundesrepublik Deutschland gestellt ist. In Ostberlin wird der Anspruch auf die gültige Darstellung und Interpretation der Geschichte der deutschen Arbeiterbewegung erhoben. Dort versucht man mit allen Mitteln, sich als legitime Erben der Tradition der Arbeiterbewegung zu beweisen. Es ist nicht damit getan, diesen Anspruch zurückzuweisen, sondern es muß auch wissenschaftlich deutlich gemacht werden, wie sehr etwa die konkreten Erscheinungsformen eines SED-Regimes von dem verschieden sind, was Ursprung, Ziel und Anliegen der Arbeiterbewegung war.

In der Regierung der großen Koalition sind wir ständig bemüht, alle sich bietenden Möglichkeiten aufzugreifen, um zu den Ländern Ost- und Südeuropas ein gutes Verhältnis herzustellen. Aber das bedeutet nicht, daß wir einer willkürlichen und einseitigen Interpretation der Geschichte der Arbeiterbewegung zustimmen können. Vielmehr werden wir gerade heute auf die moralischen Werte und politischen Ideale hinweisen müssen, die an der Wiege der deutschen Arbeiterbewegung standen. Der aufreibende Kampf für die Emanzipation des vierten Standes, für die Demokratisierung von Staat und Gesellschaft wurde geführt mit den Zielen Freiheit, Gerechtigkeit und Solidarität in einer Gesellschaft, die die Entfaltung jedes Menschen gewährleistet - nicht für die Ersetzung einer Form der Unterdrückung durch eine andere.

Die Dokumente, Briefe, Broschüren, Zeitungen und Zeitschriften, die in dem „Archiv der sozialen Demokratie", zu dessen Grundsteinlegung wir uns heute versammelt haben, aufbewahrt und jedem Interessierten zugänglich gemacht werden sollen, geben davon Zeugnis. Sie machen deutlich, daß der deutsche Sozialismus in seiner heutigen Ausprägung in der Tradition einer Bewegung steht, die durch ihre humanitären und freiheitlichen Triebkräfte gekennzeichnet ist.

Mit der Gründung des „Archivs der sozialen Demokratie" widmen wir uns einer Aufgabe, die seit jeher als wichtig angesehen wurde. Schon im Jahre 1878, unmittelbar vor Inkrafttreten des Sozialistengesetzes, hat August Bebel dazu aufgerufen, die Zeugnisse der noch jungen Arbeiterbewegung zu sammeln, damit die frühen, oft nur in geringer Auflage erschienenen Publikationen nicht verloren gehen sollten. Darüber hinaus sah er es für das Selbstverständnis der Arbeiterbewegung als notwendig an, daß sie sich ihrer Anfänge und Entwicklungen immer vergewissern könne.

Bebels Vorstoß führte dazu, daß das erste Archiv im Schweizer Exil eingerichtet wurde. In der Folgezeit hat sich diese Sammlung beim Vorstand der SPD zum bedeutendsten Archiv der Arbeiterbewegung überhaupt entwickelt, bis es unter dem Zwang der nationalsozialistischen Gewaltherrschaft auf verschlungenen Wegen nach Amsterdam gelangt ist, wo es zum wertvollsten Besitz des Internationalen Instituts für Sozialgeschichte wurde.

Inzwischen sind Jahre vergangen, in denen die Arbeiterbewegung und die von ihr ausgehenden politischen Kräfte, vor allem in Deutschland, einer grundlegenden Wandlung unterworfen waren. Dabei geht es um gesellschaftliche Umschichtungen, die nicht zuletzt unter dem Einfluß des Wirkens dieser Bewegung sich vollzogen haben. Was aus dieser Zeit an Dokumenten und Quellen gesammelt worden ist und seinen Platz in diesem neuen Gebäude finden soll, wird dem Historiker diese Veränderungen in ihren geschichtlichen Zusammenhängen und inneren Notwendigkeiten eindringlich vor Augen führen.

Wenn wir heute den Grundstein für ein „Archiv der sozialen Demokratie" legen, so drückt sich in dem Namen ebenfalls aus, daß jenes große Emanzipationsstreben, das als Arbeiterbewegung in die Geschichte eingegangen ist und dort bereits unübersehbare Zeichen seines Wirkens hinterlassen hat, sein ursprüngliches Anliegen erweitert hat und heute zur politischen Heimat all derer geworden ist, denen der demokratische Sozialismus die Gewähr dafür bietet, daß die Aufgaben von heute und morgen im Geiste demokratischer und sozialer Verantwortung angepackt werden.

Das „Archiv der sozialen Demokratie" soll auch der politischen Bildung und der Festigung des demokratischen Bewußtseins in unserem Volke dienen. Seit ihren Anfängen hat sich die Arbeiterbewegung um politische Aufklärung gekümmert und ist sie um den Abbau von Vorurteilen bemüht gewesen. Die Geschichte der Arbeiterbewegung und des demokratischen Sozialismus ist auch die Geschichte der permanenten Absage an die Verlockungen totalitärer Ansprüche und Ideologien, die Geschichte eines redlichen Ringens um die Durchsetzung politischer und sozialer Vorstellungen. Für die Auseinandersetzung mit extremistischen Gruppen und für das Gespräch mit der jungen Generation hat dieser Hinweis seine besondere Bedeutung.

Wenn wir das „Archiv der sozialen Demokratie" in die Obhut der Friedrich-Ebert-Stiftung geben, so wissen wir, daß diese bewährte Institution es nicht bei der bloßen Aufbewahrung des Materials bewenden lassen wird. Ihr Ziel wird es sein, die Quellen weiterhin, wo es nur möglich ist, zu sammeln, sie sachgemäß zu archivieren, sie in wissenschaftlichen Arbeiten auszuwerten und die gewonnenen Erkenntnisse umzusetzen in politische Bildungsarbeit - nicht nur in Deutschland, sondern auch international, wie es einer seit Jahren erfolgreichen Arbeit entspricht.

Die Arbeiterbewegung kann auf eine lange Tradition ihrer eigenen Geschichtsschreibung zurückblicken. Seit geraumer Zeit hat auch die offizielle Historiographie sich diesem Themenkreis zugewandt. Es ist mein Wunsch, daß die Einrichtung des „Archivs der sozialen Demokratie" bei der Friedrich-Ebert-Stiftung dazu beitragen wird, die Erforschung der Geschichte der Arbeiterbewegung als eine Aufgabe der Gegenwart und der Zukunft noch mehr als bisher bewußt zu machen.

Als wesentliche Quellen wird dieses „Archiv der sozialen Demokratie" die Unterlagen des Vorstandes der Sozialdemokratischen Partei Deutschlands als Leihgabe erhalten. Einen entsprechenden Beschluß hat der Vorstand meiner Partei noch unter unserem Freunde Erich Ollenhauer gefaßt. Ich bin froh, daß wir nun in der Lage sind, dieses von Erich Ollenhauer geförderte Vorhaben in die Tat umsetzen zu können.

Von dieser Stelle aus möchte ich an alle Organisationen, Institutionen, Mitarbeiter und Mitglieder der deutschen Arbeiterbewegung die Bitte richten, die in ihrem Besitz befindlichen Unterlagen, die für die Erforschung der Geschichte der deutschen Arbeiterbewegung von Wichtigkeit sind, dem „Archiv der sozialen Demokratie" der Friedrich-Ebert-Stiftung zur Verfügung zu stellen. Durch gemeinsame Mitarbeit werden in kurzer Zeit in diesem Archiv alle historisch relevanten Auskünfte zusammengefaßt sein - auch über die kleinsten Arbeitervereine, wie es Johann Jacobi einst anregte.

„Möge das Haus, das dieser Grundstein tragen wird,

Hammerschlag

ein Zentrum lebendiger Forschung werden,

Hammerschlag

aus dem die demokratische Bildung in alle
Schichten des deutschen Volkes getragen

Hammerschlag

und die Verständigung zwischen allen Völkern
der Erde gefördert wird."

Aus: SPD-pressemitteilungen und informationen Nr. 592/67, 12.12.1967

Willy Brandt
Festrede zur Eröffnung des Archivs der sozialen Demokratie,
6. Juni 1969

Vor anderthalb Jahren, im Dezember 1967, sprach ich anläßlich der Grund-steinlegung dieses Hauses über die wissenschaftliche und staatspolitische Bedeutung des „Archiv der sozialen Demokratie". Ich versuchte damals zu sagen, weshalb die Erforschung der Geschichte der Arbeiterbewegung eine wichtige Aufgabe der Gegenwart ist.

Lassen Sie mich heute zur Einweihung des fertiggestellten Hauses, an die damals geäußerten Gedanken anknüpfen und die historisch wie politisch be-deutsamen Vorzeichen erläutern, unter denen das „Archiv der sozialen De-mokratie" an die Öffentlichkeit tritt.

Dieses Archiv, für dessen Errichtung ich mich als Vorsitzender der So-zialdemokratischen Partei Deutschlands nachdrücklich eingesetzt habe, ver-steht sich zunächst als Sammelstelle von Quellenmaterial zur Geschichte der deutschen und internationalen Arbeiterbewegung. Es soll darüber hinaus Forschungen anregen und selber betreiben. Seine Bemühungen sind damit Teil der sozialgeschichtlichen Forschung in unserem Lande.

Ich hoffe, daß sich nicht nur die in Betracht kommenden Organisationen, sondern auch viele einzelne entschließen werden, dem „Archiv der sozialen Demokratie" Dokumente und Materialien zu übergeben, die für die Ge-schichte der Arbeiterbewegung Bedeutung haben. Jedenfalls möchte ich von dieser Stelle aus recht herzlich darum bitten.

Der Friedrich-Ebert-Stiftung und den Mitarbeitern dieses Archivs wün-sche ich - über die Genugtuung hinaus, die aus der Pflege guter Tradition er-wächst - möglichst viel politisch-pädagogischen und wissenschaftlichen Er-folg.

Gerade in der deutschen Wissenschaft hat sich während der zurückliegen-den anderthalb Jahrzehnte die Beschäftigung mit der Sozialgeschichte stärker durchgesetzt. Lange Zeit hindurch verschüttete oder außer acht gelassene An-sätze kamen zum Durchbruch. Das traditionelle Bild von der deutschen Ge-schichte wurde nicht unwesentlich korrigiert.

Dabei hatte es die sozialpolitische Forschung, die gesellschaftliche Grup-pen, Tendenzen, Kämpfe und Bewegungen analysiert, nicht leicht gegenüber einer mächtigen geschichtswissenschaftlichen Tradition, die sich ganz über-wiegend als Interpretin der Staatspolitik verstand. Manches, was den „klassischen" Richtungen der Historiker zugerechnet wird, ließ bis in die jüngere Vergangenheit nur wenig Raum für eine realistische Beurteilung der Gesellschaft. Und oft war es nur ein kleiner Schritt von der Verherrlichung

der herrschenden Mächte bis zur Verdammung und zur Anklage der Staats-
feindlichkeit gegen die Kräfte, die um Demokratie und soziale Erneuerung
bemüht waren.

Allerdings will ich ein selbstkritisches Wort gleich hinzufügen: Es ist ja
nicht nur so, daß die Geschichte der Arbeiterbewegung von der etablierten
Geschichtswissenschaft lange Zeit vernachlässigt worden ist. Es ist auch so,
daß die Arbeiterbewegung die kritische Pflege ihres historischen Erbes, die
Selbstdarstellung und deren rechtes Zuordnen durchweg selbst vernachlässigt
hat. Es gibt nicht nur rührende, sondern auch bemerkenswerte Ausnahmen.
Aber von einer durchgängigen Unterentwicklung auf diesem Gebiet kann ich
auch die Partei nicht freisprechen, deren Vorsitzender ich bin.

Daß wir dies erkannten, hat uns ja gerade darauf drängen lassen, daß dieses „Archiv der sozialen Demokratie" Wirklichkeit würde. Es soll dafür sorgen, daß stolze Seiten und gute Kapitel der jüngeren deutschen Geschichte
weder ausgespart noch falsch gezeichnet werden. Es soll, um ein bekanntes
Wort abzuwandeln, auch dazu beitragen, daß die Wirklichkeit nicht nur un-
terschiedlich interpretiert, sondern daß sie verändert wird - verändert in Richtung auf die zunehmende Verwirklichung der sozialen Demokratie.

Wieviel ist beispielsweise von den gewissermaßen klassischen Historikern
über den „Primat der Außenpolitik" geschrieben worden. Natürlich war das
nicht alles falsch. Aber vielfach stellte es sich so dar, als seien die Entfaltung
staatlicher Macht nach außen und der Kampf um nationale Einflußsphären
bestimmend für die innerstaatliche Ordnung.

Nun, ich weiß als Außenminister noch besser als vorher und erlebe noch
stärker als andere, wie entscheidend weltpolitische und außenpolitische Entwicklungen auch in unseren Tagen auf das innerstaatliche Leben und auf das
gesellschaftliche Geschehen einwirken. Ich meine dies nicht nur in dem sehr
allgemeinen Sinne, daß die Bewahrung des Friedens und die Schaffung einer
stabilen Friedensordnung zur zentralen Aufgabe geworden sind. Auch nicht
nur in dem Sinne, daß die Organisierung Europas weithin über das Schicksal
unseres Volkes und unserer Nachbarländer entscheiden wird.

Aber wir wissen doch auch alle und müssen uns jeden Tag daran erinnern,
wie sehr eine gute, möglichst vorbildliche Ordnung im Innern den Rang und
die Rolle mitbestimmt, die ein Volk in der Welt spielt. Und wir erleben alle
Tage, daß ein demokratischer Staat keine überzeugende Außenpolitik treiben
kann, der die innenpolitische Deckung fehlt.

Ich könnte ein langes Lied davon singen, wie sehr außenpolitische, frie-
denspolitische Bemühungen durch Unverstand und Quertreibereien im eigenen Land beeinträchtigt werden. Aber ich bin nicht hierher gekommen, um zu
jammern. Wenn ich schon ein aktuelles Wort sage, dann dies: Ich lasse mich
auf keinen Fall von dem als richtig erkannten Weg abbringen, sondern ich

werde kämpfen, um die erforderliche stärkere innenpolitische Absicherung einer nach vorn gerichteten deutschen Außenpolitik zu erreichen.

Wir wollen uns auch daran erinnern, welche Chancen sich nach dem Ersten Weltkrieg boten und wie sie vertan wurden. Wir alle wissen von dem verhängnisvollen Fortwirken obrigkeitsstaatlicher, nationalistischer, reaktionärer Tendenzen während der Weimarer Republik, vom Gewicht des konservativen Antidemokratismus, der schließlich zum Rückfall in die Barbarei und in die Massenzerstörung führte. Wir alle wissen von dem bitteren, zermürbenden Kampf, den die stärkste freiheitliche Kraft in diesem Lande, die Sozialdemokratische Partei Deutschlands, in jenen Jahren und während des Dritten Reiches führte. Und diese Erfahrungen lehren uns: Vor Rückfällen nicht nur in die braune, sondern auch in die schwarz-weiß-rote Vergangenheit muß man auf der Hut sein; gegen diese Bedrohung unseres Volkes muß man Front machen.

Ich sage dies als ein Mann, der zuversichtlich ist, der aber auch seine Sorgen nicht unausgesprochen lassen darf. Wer Augen hat zu sehen und Ohren zu hören, der weiß, wie stark die Versuchung mancher Kräfte in diesem Staat ist, unserem Volk eine nationalistisch-konservative Brille aufzusetzen, schlechte Gefühle auszubeuten, eingebildete Welten als Wirklichkeit auszugeben, unserem Volk einen Krebsgang zuzumuten.

Ich vertraue demgegenüber auf den gesunden Sinn unseres Volkes, auf seine teuer genug erkauften Erfahrungen. Ich vertraue darauf, daß mir viele zustimmen, wenn ich immer wieder sage: Ein guter Deutscher kann kein Nationalist sein. Wer Deutschland liebt, darf den Verstand nicht auf Urlaub schicken, sondern muß sich um Weltoffenheit und Fortschritt bemühen und muß mithelfen am Vaterland der Liebe und Gerechtigkeit, von dem schon August Bebel sprach.

Seit über hundert Jahren geht nun in unserem Land der Kampf um soziale Demokratie. Das heißt, um eine demokratische Ordnung, die jedem ein Höchstmaß an persönlicher Freiheit und Mitgestaltung gibt. Das heißt hundertjähriger Kampf gegen Gewaltherrschaft, Terror und Nationalismus. Das heißt hundertjähriger Kampf für Gerechtigkeit, die sich immer wieder neu zu bewähren hat in der Unterstützung der Schwächeren gegenüber solchen Gruppen und Kräften, die ihr Eigeninteresse im Auge haben. Das heißt hundertjähriger Kampf gegen Großmannssucht und Gruppenegoismus. Die Ereignisse der letzten Jahrzehnte, besonders das Ende des Zweiten Weltkrieges, und die Auflösung des eurozentrischen Staatensystems und Machtdenkens haben zu einer grundsätzlichen Neubesinnung der Geschichtswissenschaft beigetragen: Die Sozialgeschichte, die Darstellung gesellschaftspolitischer Auseinandersetzungen, ist stärker in den Vordergrund des Interesses gerückt. Geschichte wird durchweg nicht mehr verstanden als eine Aneinanderreihung von Schlachten und Kabinettskriegen, in Gang gesetzt von kleinen Eliten und großen Männern, die - wie manche meinten - allein Geschichte machen.

Nein, es gibt eine viel umfassendere Schau, eine immer genauere Analyse konkreter Bedingungen und gesellschaftlicher Triebkräfte. Freilich ist die Gefahr des Ökonomismus damit noch nicht gebannt. Der Mensch ist komplizierter, als ihn manche Theoretiker sehen wollten, und er ist in seinen Strukturen weniger wandelbar, als viele gehofft haben. Aber als gesellschaftspolitisches Wesen ist er fähig, sein Leben im eigenen Land und in der Welt so zu gestalten, daß er den Feind in sich selbst unter Kontrolle bringt und vielleicht sogar besiegt.

Die Arbeiterbewegung im allgemeinen und die deutsche Sozialdemokratie im besonderen haben einen langen Weg hinter sich, auf dem sie immer wieder die Frage nach dem eigenen Standort, nach den eigenen Aufgaben zu stellen hatten. Wer vorwärtsweisende Kraft im Ringen um soziale Demokratie ist, bleibt stets gezwungen zur kritischen, auch selbstkritischen Verarbeitung der gesamtgesellschaftlichen Notwendigkeiten, die sich im technisch-industriellen Zeitalter in immer größerer Zahl ergeben. Die Auseinandersetzung mit Kräften, die sich der gesellschaftlichen Weiterentwicklung entgegenstemmen, bleibt gleichfalls eine permanente Aufgabe.

An diese Stelle gehört auch ein Wort über die Auseinandersetzung zwischen Kommunismus und sozialer Demokratie. Die Geschichtsschreibung der Kommunisten über die Entwicklung der Arbeiterbewegung ist gefälscht. Unter der Parole der „Parteilichkeit" werden Politik und Erfolge der Sozialdemokraten in einem schwarzen Bild gemalt, das seinesgleichen sucht. Wir haben also auch auf dem Gebiet der Geschichtsforschung festzustellen, daß die Sozialdemokraten von ihren Gegnern auf der rechten wie auf der sogenannten linken Seite verteufelt werden.

Bruno Kreisky hat kürzlich zu Recht festgestellt, daß es sich im Grunde nicht lohne, sich mit den trivialen kommunistischen Argumenten auseinanderzusetzen. Dennoch sind wir angesichts der Entwicklung in der kommunistischen Welt verpflichtet, uns mit dem Kommunismus weitaus intensiver und systematischer zu beschäftigen, als dies bisher der Fall war. Nur so werden wir instandgesetzt, eine Politik der Verständigung und des Friedens zu betreiben, die ohne Illusionen und auf der Grundlage der Gegebenheiten wirken kann, Schritt für Schritt gefährliche Gegensätze abzubauen. Über die prinzipiellen Unterschiede, die es zwischen dem Kommunismus und dem, was die Kommunisten höhnisch „Sozialdemokratismus" nennen, hinaus gibt, sind wir im Sinne der uns gestellten Aufgaben in dieser Welt verpflichtet, alle Tendenzen zu beobachten und zu analysieren, die sich in der kommunistischen Welt bemerkbar machen.

Für den Historiker vom Fach und aus Neigung tauchen immer wieder neue Probleme auf: Welch erregende Aufgabe wird es schon bald für junge Wissenschaftler sein, mit dem Wissen um die europäischen Freiheitskämpfe des neunzehnten und zwanzigsten Jahrhunderts die Geschichte der sozialen Bewegung in der Dritten Welt zu schreiben! Im historisch-kritischen Vergleich können sich gewiß neue Erkenntnisse für die Erforschung gesellschaftlicher Zusammenhänge ergeben.

Das Ringen um die Verwirklichung einer sozialen Demokratie ist ja nicht nur entscheidend für das politische Geschehen bei uns in Deutschland und in Europa. Die internationale Verflechtung bietet große, unausgeschöpfte Möglichkeiten. Das Material dieses Hauses sollte - gemeinsam mit Wissenschaftlern aus West und Ost - auch nicht allein unter historischen Gesichtspunkten ausgewertet werden. Es muß den jungen, in die Zukunft weisenden Zweigen der Sozialwissenschaften zur Verfügung stehen.

Als Außenminister füge ich hinzu: Ich glaube, wir sollten im Rahmen unserer auswärtigen Kulturpolitik und unserer Entwicklungspolitik noch weitaus mehr tun als bisher, um den jungen Staaten, die daran interessiert sind, jene gesellschaftspolitischen Erfahrungen zur Verfügung zu stellen, die ihnen den politischen und wirtschaftlichen Übergang aus den kolonialen Strukturen zur Eigenständigkeit erleichtern.

Ich denke hierbei an die Förderung der einheimischen Führungsschichten für solche Lebensbereiche, in denen unsere Erfahrungen relevant sind oder sogar Modellcharakter haben können. Die kulturpolitische Aufgabe wird in der vor uns liegenden Zeit noch wichtiger. Die Friedrich-Ebert-Stiftung - das möchte ich bei dieser Gelegenheit sagen - hat seit der Wiederaufnahme ihrer Tätigkeit nach dem Kriege auf diesem Gebiet gute und zum Teil sogar vorbildliche Arbeit geleistet. Diese Arbeit beginnt in der Dritten Welt ihre Früchte zu tragen und wird - wie ich wiederholt feststellen konnte - in unseren jungen Partnerstaaten weithin anerkannt.

Das „Archiv der sozialen Demokratie" beginnt nun mit der Sammlung und fachgerechten Ordnung von Dokumenten, Büchern, Zeitungen und Zeitschriften, die der sozialgeschichtlichen Forschung, speziell der Erforschung der Geschichte der Arbeiterbewegung, dienen. Dies soll solide, seriös, wissenschaftlich fundiert geschehen. Mit falschem Neutralismus und mißverstandenem Objektivismus hat das nichts zu tun. Jeder weiß, was ich damit sagen will. Die Friedrich-Ebert-Stiftung ist *keine* Parteieinrichtung. Ihrer Nähe zur Sozialdemokratie braucht sie sich jedoch nicht zu schämen. Jeder weiß, wo wir stehen und was wir unseres Volkes wegen noch vor uns haben.

Reihe Gesprächskreis Geschichte
der Friedrich-Ebert-Stiftung

Heft 1

Jürgen Kocka, Die Auswirkungen der deutschen Einigung auf die Geschichts- und Sozialwissenschaften, Bonn 1992 (24 S., **vergriffen**)

Heft 2

Eberhard Jäckel, Die zweifache Vergangenheit. Zum Vergleich politischer Systeme, Bonn 1992 (24 S., **vergriffen**)

Heft 3

Dieter Dowe (Hrsg.), Von der Bürgerbewegung zur Partei. Die Gründung der Sozialdemokratie in der DDR, Bonn 1993 (180 S.)

Heft 4

Dieter Dowe (Hrsg.), Die Ost- und Deutschlandpolitik der SPD in der Opposition 1982-1989, Bonn 1993 (208 S.)

Heft 5

Reinhard Rürup, Die Revolution von 1918/19 in der deutschen Geschichte, Bonn 1993 (32 S., **vergriffen**)

Heft 6

Dieter Langewiesche, Nationalismus im 19. und 20. Jahrhundert: Zwischen Partizipation und Aggression, Bonn 1994 (32 S., **vergriffen**)

Heft 7

Karin Hausen, Die „Frauenfrage" war schon immer eine „Männerfrage". Überlegungen zum historischen Ort von Familie in der Moderne, Bonn 1994 (32 S.)

Heft 8

Hans-Ulrich Wehler, Angst vor der Macht? Die Machtlust der Neuen Rechten, Bonn 1995 (24 S., **vergriffen**)

38

Heft 9
Ausstellungskatalog: Friedrich Ebert 1871-1925. Vom Arbeiterführer zum Reichspräsidenten, Bonn 1995 (72 S., **auch im Internet abrufbar**)

Heft 10
Leonid Pawlowitsch Kopalin, Die Rehabilitierung deutscher Opfer sowjetischer politischer Verfolgung, Bonn 1995 (40 S., **vergriffen**)

Heft 11
Michael Schneider, „Völkspädagogik" von rechts. Ernst Nolte, die Bemühungen um die „Historisierung" des Nationalsozialismus und die „selbstbewußte" Nation, Bonn 1995 (56 S., **vergriffen, nur im Internet abrufbar**)

Heft 12
Klaus Schönhoven, Gewerkschaften und soziale Demokratie im 20. Jahrhundert, Bonn 1995 (32 S., **vergriffen**)

Heft 13
Dieter Dowe (Hrsg.), Kurt Schumacher und der „Neubau" der deutschen Sozialdemokratie nach 1945, Bonn 1996 (192 S.)

Heft 14
Dieter Dowe (Hrsg.), Die Deutschen - ein Volk von Tätern? Zur historisch-politischen Debatte um das Buch von Daniel Goldhagen, Bonn 1996 (80 S., **auch im Internet abrufbar**)

Heft 15
Dieter Dowe (Hrsg.), Herbert Wehner (1906 - 1990) und die deutsche Sozialdemokratie, Bonn 1996 (64 S., **vergriffen, nur im Internet abrufbar**)

Heft 16
Helmut Schmidt, Carlo Schmid 1896 - 1979, Bonn 1996 (24 S.)

Heft 17
Michael Schneider, Die „Goldhagen-Debatte". Ein Historikerstreit in der Mediengesellschaft, Bonn 1997 (31 S., **auch im Internet abrufbar**)

Heft 18
Peter Steinbach, Widerstand gegen den Nationalsozialismus - eine „sozialistische Aktion"? Bonn 1997 (104 S., **auch im Internet abrufbar**)

Heft 19
Klaus Tenfelde, Milieus, politische Sozialisation und Generationenkonflikte im 20. Jahrhundert, Bonn 1997 (31 S., **auch im Internet abrufbar**)

Heft 20

Dieter Langewiesche, 1848 und 1918 - zwei deutsche Revolutionen, Bonn (31 S.)

Heft 21

Peter Steinbach, Für die Selbsterneuerung der Menschheit. Zum einhundertsten Geburtstag des sozialdemokratischen Widerstandskämpfers Adolf Reichwein, Bonn 1998 (48 S.)

Heft 22

Lernen aus der Vergangenheit!? Der Parlamentarische Rat und das Grundgesetz, Bonn 1998 (111 S., **auch im Internet abrufbar**)

Heft 23

Gerald D. Feldman, Unternehmensgeschichte des Dritten Reichs. Raubgold und Versicherungen, Arisierung und Zwangsarbeit, Bonn 1999 (32 S., **auch im Internet abrufbar**)

Heft   *24*

Diether Posser, Erinnerungen an Gustav W. Heinemann, Bonn 1999 (21 S., **auch im Internet abrufbar**)

Heft   *25*

Mein Vater war doch kein Verbrecher - und doch hat er einem verbrecherischem Regime gedient. Warum trifft uns das heute noch?, Bonn 1999 (81 S., **auch im Internet abrufbar**)

Heft 26

Klaus Schönhoven, Auf dem Weg zum digitalen Dienstleistungszentrum. 30 Jahre Archiv der sozialen Demokratie und Bibliothek der Friedrich-Ebert-Stiftung, Bonn 1999 (40 S., **auch im Internet abrufbar**)

Die Hefte 9, 11, 14, 15, 17-19, 22-26 sind im Volltext im Internet abrufbar unter www.fes.de

Kostenloser Bezug beim
Historischen Forschungszentrum der Friedrich-Ebert-Stiftung
Doris Faßbender
Godesberger Allee 149
D-53175 Bonn
Tel.: 0228 - 883 473
Fax.: 0228 - 3779606